卞尺丹几乙し丹卞と

Translated Language Learning

Aladdin and the Wonderful Lamp

Aladyn i cudowna lampa

Antoine Galland

English / Polsku

Copyright © 2023 Tranzlaty
All rights reserved
Published by Tranzlaty
ISBN: 978-1-83566-067-6
Original text by Antoine Galland
From *"Les mille et une nuits"*
First published in French in 1704
Taken from The Blue Fairy Book
Collected and translated by Andrew Lang
www.tranzlaty.com

Aladdin and the Wonderful Lamp
Aladyn i cudowna lampa

Once upon a time there lived a poor tailor
Dawno, dawno temu żył sobie biedny krawiec
he had a son called Aladdin
miał syna imieniem Aladyn
Aladdin was a careless, idle boy who would do nothing
Aladyn był beztroskim, bezczynnym chłopcem, który nic nie robił
although, he did like to play ball all day long
Chociaż lubił grać w piłkę całymi dniami
this he did in the streets with other little idle boys
Robił to na ulicach z innymi małymi, leniwymi chłopcami
This so grieved the father that he died
To tak zasmuciło ojca, że umarł
his mother cried and prayed but nothing helped
Jego matka płakała i modliła się, ale nic nie pomagało
despite her pleading, Aladdin did not mend his ways
Mimo jej próśb Aladyn nie zmienił swego postępowania
One day Aladdin was playing in the streets as usual
Pewnego dnia Aladyn jak zwykle bawił się na ulicach
a stranger asked him his age
Nieznajomy zapytał go o wiek
and he asked him if he was not the son of Mustapha the tailor
i zapytał go, czy nie jest synem krawca Mustafy
"I am the son of Mustapha, sir" replied Aladdin
— Jestem synem Mustafy, panie — odparł Aladyn
"but he died a long time ago"
"Ale on umarł dawno temu"
the stranger was a famous African magician
nieznajomy był słynnym afrykańskim magiem
and he fell on his neck and kissed him
Upadł mu na szyję i pocałował go
"I am your uncle" said the magician
— Jestem twoim wujem — rzekł czarodziej

"I knew you from your likeness to my brother"
"Poznałem cię z podobieństwa do mego brata"
"Go to your mother and tell her I am coming"
"Idź do swojej matki i powiedz jej, że idę"
Aladdin ran home and told his mother of his newly found uncle
Aladyn pobiegł do domu i opowiedział matce o nowo odnalezionym wuju
"Indeed, child," she said, "your father had a brother"
"Rzeczywiście, dziecko", powiedziała, "twój ojciec miał brata"
"but I always thought he was dead"
"ale zawsze myślałem, że nie żyje"
However, she prepared supper for the visitor
Przygotowała jednak kolację dla gościa
and she bade Aladdin to seek his uncle
i kazała Aladynowi odnaleźć wuja
Aladdin's uncle came laden with wine and fruit
Wuj Aladyna przyszedł obładowany winem i owocami
He fell down and kissed the place where Mustapha used to sit
Upadł i ucałował miejsce, w którym zwykł siadywać Mustafa
and he bid Aladdin's mother not to be surprised
i polecił matce Aladyna, by się nie dziwiła
he explained he had been out of the country forty years
Wyjaśnił, że od czterdziestu lat przebywa poza krajem
He then turned to Aladdin and asked him his trade
Następnie zwrócił się do Aladyna i zapytał go o fach
but the boy hung his head in shame
Ale chłopiec zwiesił głowę ze wstydu
and his mother burst into tears
a jego matka wybuchnęła płaczem
so Aladdin's uncle offered to provide food
więc wuj Aladyna zaproponował, że dostarczy żywność

The next day he bought Aladdin a fine suit of clothes
Nazajutrz kupił Aladynowi elegancki garnitur

and he took him all over the city
i oprowadził go po całym mieście
he showed him the sights of the city
Pokazał mu zabytki miasta
at nightfall he brought him home to his mother
Gdy zapadł zmrok, przyprowadził go do matki, do domu
his mother was overjoyed to see her son so fine
Jego matka była przeszczęśliwa, widząc syna tak dobrego
The next day the magician led Aladdin into some beautiful gardens
Następnego dnia czarodziej zaprowadził Aladyna do pięknych ogrodów
this was a long way outside the city gates
To była długa droga za bramy miasta
They sat down by a fountain
Usiedli przy fontannie
and the magician pulled a cake from his girdle
A mag wyciągnął tort zza pasa
he divided the cake between the two of them
Podzielił tort między nich dwoje
Then they journeyed onward till they almost reached the mountains
Potem szli dalej, aż dotarli prawie do gór
Aladdin was so tired that he begged to go back
Aladyn był tak zmęczony, że błagał o powrót
but the magician beguiled him with pleasant stories
Ale czarodziej omamiał go miłymi opowieściami
and he led him on in spite of his laziness
i poprowadził go dalej, mimo jego lenistwa
At last they came to two mountains
W końcu dotarli do dwóch gór
the two mountains were divided by a narrow valley
Obie góry były oddzielone wąską doliną
"We will go no farther" said the false uncle
— Nie pójdziemy dalej — rzekł fałszywy wuj
"I will show you something wonderful"

"Pokażę ci coś wspaniałego"
"gather up sticks while I kindle a fire"
"Zbierajcie patyki, a ja rozpalam ogień"
When the fire was lit the magician threw a powder on it
Kiedy ogień został rozpalony, mag rzucił na niego proszek
and he said some magical words
i wypowiedział kilka magicznych słów
The earth trembled a little and opened in front of them
Ziemia zadrżała trochę i otworzyła się przed nimi
a square flat stone revealed itself
Ukazał się kwadratowy płaski kamień
and in the middle of the the stone was a brass ring
a na środku kamienia znajdował się mosiężny pierścień
Aladdin tried to run away
Aladyn próbował uciec
but the magician caught him
Ale czarodziej go złapał
and gave him a blow that knocked him down
i zadał mu cios, który go powalił na ziemię
"What have I done, uncle?" he said piteously
"Co ja zrobiłem, wujku?" zapytał żałośnie
the magician said more kindly: "Fear nothing, but obey me"
Mag rzekł łagodniej: "Nie bój się niczego, ale bądź mi posłuszny"
"Beneath this stone lies a treasure which is to be yours"
"Pod tym kamieniem kryje się skarb, który ma być twój"
"and no one else may touch it"
"I nikt inny nie może go dotknąć"
"so you must do exactly as I tell you"
"A więc musisz zrobić dokładnie to, co ci każę"
At the mention of treasure Aladdin forgot his fears
Na wspomnienie skarbu Aladyn zapomniał o swoich obawach
he grasped the ring as he was told
Chwycił pierścień, tak jak mu kazano
and he said the names of his father and grandfather
i wypowiedział imiona swego ojca i dziadka

The stone came up quite easily
Kamień podszedł dość łatwo
and some steps appeared in front of them
i pojawiły się przed nimi jakieś kroki
"Go down" said the magician
— Zejdź na dół — rzekł mag
"at the foot of those steps you will find an open door"
"U stóp tych schodów znajdziesz otwarte drzwi"
"the door leads into three large halls"
"Drzwi prowadzą do trzech dużych sal"
"Tuck up your gown and go through the halls"
"Podwiń suknię i przejdź przez korytarze"
"make sure not to touching anything"
"Upewnij się, że niczego nie dotykasz"
"if you touch anything, you will die instantly"
"Jeśli czegokolwiek dotkniesz, natychmiast umrzesz"
"These halls lead into a garden of fine fruit trees"
"Sale te prowadzą do ogrodu z pięknymi drzewami owocowymi"
"Walk on until you come to a niche in a terrace"
"Idź dalej, aż dojdziesz do niszy na tarasie"
"there you will see a lighted lamp"
"Tam zobaczysz zapaloną lampę"
"Pour out the oil of the lamp"
"Wylej oliwę z lampy"
"and then bring me the lamp"
"A potem przynieś mi lampę"
He drew a ring from his finger and gave it to Aladdin
Wyjął z palca pierścień i dał go Aladynowi
and he bid him to prosper
i polecił mu, aby mu się wiodło
Aladdin found everything as the magician had said
Aladyn znalazł wszystko, co powiedział czarodziej
he gathered some fruit off the trees
Zebrał trochę owoców z drzew
and, having got the lamp, he arrived at the mouth of the cave

Wziąwszy lampę, dotarł do wejścia do jaskini
The magician cried out in a great hurry
Mag krzyknął w wielkim pośpiechu
"Make haste and give me the lamp"
"Pospiesz się i daj mi lampę"
This Aladdin refused to do until he was out of the cave
Aladyn odmówił tego, dopóki nie wyszedł z jaskini
The magician flew into a terrible passion
Mag wpadł w straszliwą pasję
he threw some more powder on to the fire
Wrzucił jeszcze trochę prochu do ognia
and then he cast another magic spell
A potem rzucił kolejne magiczne zaklęcie
and the stone rolled back into its place
i kamień wtoczył się z powrotem na swoje miejsce
The magician left Persia for ever
Mag opuścił Persję na zawsze
this plainly showed that he was no uncle of Aladdin's
To wyraźnie wskazywało, że nie był wujem Aladyna
what he really was was a cunning magician
W rzeczywistości był przebiegłym magiem
a magician who had read of a wonderful lamp
Mag, który czytał o cudownej lampie
a lamp which would make him the most powerful man in the world
lampę, która uczyniłaby go najpotężniejszym człowiekiem na świecie
but he alone knew where to find it
ale tylko on wiedział, gdzie go znaleźć
and he could only receive it from the hand of another
i mógł ją otrzymać tylko z ręki kogoś innego
He had picked out the foolish Aladdin for this purpose
W tym celu wybrał Aladyna
he had intended to get the lamp and kill him afterwards
Zamierzał zdobyć lampę, a potem go zabić

For two days Aladdin remained in the dark
Przez dwa dni Aladyn pozostawał w ciemności
he cried and lamented his situation
Płakał i ubolewał nad swoją sytuacją
At last he clasped his hands in prayer
W końcu złożył ręce w modlitwie
and in so doing he rubbed the ring
i w ten sposób potarł pierścień
the magician had forgotten to take the ring back from him
Mag zapomniał odebrać mu pierścień
Immediately an enormous and frightful genie rose out of the earth
Natychmiast z ziemi wyłonił się ogromny i przerażający dżin
"What would thou have me do?"
"Co chcesz, żebym uczynił?"
"I am the Slave of the Ring"
"Jestem niewolnikiem Pierścienia"
"and I will obey thee in all things"
"I będę ci posłuszny we wszystkim"
Aladdin fearlessly replied: "Deliver me from this place!"
Aladyn odpowiedział nieustraszenie: "Wybaw mnie stąd!"
and the earth opened above him
i rozwarła się nad nim ziemia
and he found himself outside
i znalazł się na zewnątrz
As soon as his eyes could bear the light he went home
Gdy tylko jego oczy mogły znieść światło, poszedł do domu
but he fainted when he got there
Ale kiedy tam dotarł, zemdlał
When he came to himself he told his mother what had happened
Kiedy doszedł do siebie, opowiedział matce, co się stało
and he showed her the lamp
i pokazał jej lampę
and he shower her the the fruits he had gathered in the garden

i obsypał ją owocami, które zebrał w ogrodzie
the fruits were, in reality, precious stones
Owoce były w rzeczywistości kamieniami szlachetnymi
He then asked for some food
Potem poprosił o coś do jedzenia
"Alas! child" she said
— Niestety! dziecko" – powiedziała
"I have nothing in the house"
"Nie mam nic w domu"
"but I have spun a little cotton"
"ale uprzędziłem trochę bawełny"
"and I will go and sell the cotton"
"A ja pójdę sprzedać bawełnę"
Aladdin bade her keep her cotton
Aladyn kazał jej zatrzymać bawełnę
he told her he would sell the lamp instead of the cotton
Powiedział jej, że sprzeda lampę zamiast bawełny
As it was very dirty she began to rub the lamp
Ponieważ było bardzo brudno, zaczęła pocierać lampę
a clean lamp might fetch a higher price
Czysta lampa może mieć wyższą cenę
Instantly a hideous genie appeared
Natychmiast pojawił się ohydny dżin
he asked what she would like to have
Zapytał, co chciałaby mieć
at the sight of the genie she fainted
Na widok dżina zemdlała
but Aladdin, snatching the lamp, said boldly:
ale Aladyn, wyrywając lampę, rzekł śmiało:
"Fetch me something to eat!"
"Przynieś mi coś do jedzenia!"
The genie returned with a silver bowl
Dżin wrócił ze srebrną miską
he had twelve silver plates containing rich meats
Miał dwanaście srebrnych talerzy z bogatym mięsem
and he had two silver cups and two bottles of wine

Miał też dwa srebrne kielichy i dwie butelki wina
Aladdin's mother, when she came to herself, said:
Matka Aladyna, gdy przyszła do siebie, powiedziała:
"Whence comes this splendid feast?"
"Skąd pochodzi ta wspaniała uczta?"
"Ask not where it came from, but eat, mother" replied Aladdin
"Nie pytaj, skąd się wzięła, ale jedz, matko" – odparł Aladyn
So they sat at breakfast till it was dinner-time
Siedzieli więc przy śniadaniu, aż nadeszła pora obiadu
and Aladdin told his mother about the lamp
Aladyn opowiedział matce o lampie
She begged him to sell it
Błagała go, żeby go sprzedał
"let us have nothing to do with devils"
"Nie miejmy nic wspólnego z diabłami"
but Aladdin had thought it would be wiser to use the lamp
ale Aladyn pomyślał, że rozsądniej będzie użyć lampy
"chance hath made us aware of its virtues"
"Przypadek uświadomił nam jego zalety"
"we will use it, and the ring likewise"
"Użyjemy go, podobnie jak pierścienia"
"I shall always wear it on my finger"
"Zawsze będę go nosił na palcu"
When they had eaten all the genie had brought, Aladdin sold one of the silver plates
Kiedy zjedli wszystko, co przyniósł dżin, Aladyn sprzedał jeden ze srebrnych talerzy
and when he needed money again he sold the next plate
A kiedy znów potrzebował pieniędzy, sprzedał następny talerz
he did this until no plates were left
Robił to tak długo, aż nie pozostały żadne talerze
He then he made another wish to the genie
Potem wypowiedział jeszcze jedno życzenie dżinowi
and the genie gave him another set of plates
Dżin dał mu jeszcze jeden zestaw talerzy

and thus they lived for many years
i tak żyli przez wiele lat

One day Aladdin heard an order from the Sultan
Pewnego dnia Aladyn usłyszał rozkaz od sułtana
everyone was to stay at home and close their shutters
Wszyscy mieli zostać w domach i zamknąć okiennice
the Princess was going to and from her bath
Księżniczka szła do kąpieli i z niej wracała
Aladdin was seized by a desire to see her face
Aladyna ogarnęło pragnienie ujrzenia jej twarzy
although it was very difficult to see her face
chociaż bardzo trudno było dostrzec jej twarz
because everywhere she went she wore a veil
bo wszędzie, gdzie się udała, nosiła welon
He hid himself behind the door of the bath
Ukrył się za drzwiami łaźni
and he peeped through a chink in the door
i zajrzał przez szparę w drzwiach
The Princess lifted her veil as she went in to the bath
Księżniczka uniosła welon, wchodząc do wanny
and she looked so beautiful that Aladdin fell in love with her at first sight
i wyglądała tak pięknie, że Aladyn zakochał się w niej od pierwszego wejrzenia
He went home so changed that his mother was frightened
Wrócił do domu tak odmieniony, że jego matka się przestraszyła
He told her he loved the Princess so deeply that he could not live without her
Powiedział jej, że kocha księżniczkę tak głęboko, że nie może bez niej żyć
and he wanted to ask her in marriage of her father
i chciał ją prosić o rękę jej ojca
His mother, on hearing this, burst out laughing
Jego matka, słysząc to, wybuchnęła śmiechem

but Aladdin at last prevailed upon her to go before the Sultan
ale Aladyn w końcu nakłonił ją, by poszła przed oblicze sułtana
and she was going to carry his request
A ona miała spełnić jego prośbę
She fetched a napkin and laid in it the magic fruits
Przyniosła serwetkę i położyła w niej magiczne owoce
the magic fruits from the enchanted garden
Magiczne owoce z zaczarowanego ogrodu
the fruits sparkled and shone like the most beautiful jewels
Owoce błyszczały i lśniły jak najpiękniejsze klejnoty
She took the magic fruits with her to please the Sultan
Zabrała ze sobą magiczne owoce, aby zadowolić sułtana
and she set out, trusting in the lamp
I wyruszyła, ufając lampie
The Grand Vizier and the lords of council had just gone into the palace
Wielki wezyr i panowie rady weszli właśnie do pałacu
and she placed herself in front of the Sultan
i stanęła przed sułtanem
He, however, took no notice of her
On jednak nie zwrócił na nią uwagi
She went every day for a week
Chodziła codziennie przez tydzień
and she stood in the same place
i stała w tym samym miejscu
When the council broke up on the sixth day the Sultan said to his Vizier:
Gdy szóstego dnia rada się rozwiązała, sułtan rzekł do swego wezyra:
"I see a certain woman in the audience-chamber every day"
"Codziennie widuję pewną kobietę w sali audiencyjnej"
"she is always carrying something in a napkin"
"Zawsze nosi coś w serwetce"
"Call her to come to us, next time"
"Zadzwoń do niej, żeby przyszła do nas, następnym razem"
"so that I may find out what she wants"

"żebym się dowiedział, czego ona chce"
Next day the Vizier gave her a sign
Nazajutrz wezyr dał jej znak
she went up to the foot of the throne
Podeszła do stóp tronu
and she remained kneeling till the Sultan spoke to her
i klęczała, dopóki sułtan do niej nie przemówił
"Rise, good woman, tell me what you want"
"Wstań, dobra kobieto, powiedz mi, czego chcesz"
She hesitated, so the Sultan sent away all but the Vizier
Zawahała się, więc sułtan odesłał wszystkich oprócz wezyra
and he bade her to speak frankly
i kazał jej mówić szczerze
and he promised to forgive her for anything she might say
Obiecał jej wybaczyć wszystko, co powie
She then told him of her son's violent love for the Princess
Potem opowiedziała mu o gwałtownej miłości syna do księżniczki
"I prayed him to forget her" she said
"Modliłam się, żeby o niej zapomniał" – powiedziała
"but the prayers were in vain"
"Ale modlitwy były daremne"
"he threatened to do some desperate deed if I refused to go"
"Zagroził, że zrobi jakiś desperacki czyn, jeśli odmówię pójścia"
"and so I ask your Majesty for the hand of the Princess"
— A więc proszę Waszą Królewską Mość o rękę księżniczki.
"but now I pray you to forgive me"
"Ale teraz proszę cię, abyś mi wybaczył"
"and I pray that you forgive my son Aladdin"
"I modlę się, abyś przebaczył mojemu synowi Aladynowi"
The Sultan asked her kindly what she had in the napkin
Sułtan zapytał ją uprzejmie, co ma w serwetce
so she unfolded the napkin
Więc rozłożyła serwetkę
and she presented the jewels to the Sultan
i podarowała klejnoty sułtanowi

He was thunderstruck by the beauty of the jewels
Był oszołomiony pięknem klejnotów
and he turned to the Vizier and asked "What sayest thou?"
Zwrócił się więc do wezyra i zapytał: "Co mówisz?"
"Ought I not to bestow the Princess on one who values her at such a price?"
— Czyż nie powinienem dać księżniczki temu, kto ją ceni za taką cenę?
The Vizier wanted her for his own son
Wezyr chciał ją mieć za własnego syna
so he begged the Sultan to withhold her for three months
Błagał więc sułtana, by zatrzymał ją na trzy miesiące
perhaps within the time his son would contrive to make a richer present
Być może z czasem jego syn wymyśliłby bogatszy prezent
The Sultan granted the wish of his Vizier
Sułtan spełnił życzenie swego wezyra
and he told Aladdin's mother that he consented to the marriage
i powiedział matce Aladyna, że zgadza się na małżeństwo
but she must not appear before him again for three months
Nie wolno jej jednak stawać przed nim przez trzy miesiące

Aladdin waited patiently for nearly three months
Aladyn czekał cierpliwie prawie trzy miesiące
after two months had elapsed his mother went to go to the market
Po upływie dwóch miesięcy matka poszła na targ
she was going into the city to buy oil
Szła do miasta po ropę
when she got to the market found every one rejoicing
Kiedy dotarła na rynek, zastała wszystkich radujących się
so she asked what was going on
Zapytała więc, co się dzieje
"Do you not know?" was the answer
"Nie wiesz?" – brzmiała odpowiedź

"the son of the Grand Vizier is to marry the Sultan's daughter tonight"
"syn wielkiego wezyra ma dziś wieczorem poślubić córkę sułtana"
Breathless, she ran and told Aladdin
Zdyszana pobiegła i powiedziała Aladynowi
at first Aladdin was overwhelmed
Z początku Aladyn był przytłoczony
but then he thought of the lamp and rubbed it
Ale potem pomyślał o lampie i potarł ją
once again the the genie appeared out of the lamp
Po raz kolejny dżin wyszedł z lampy
"What is thy will?" asked the genie
"Jaka jest twoja wola?" zapytał dżin
"The Sultan, as thou knowest, has broken his promise to me"
— Sułtan, jak wiesz, złamał daną mi obietnicę.
"the Vizier's son is to have the Princess"
"syn wezyra ma mieć księżniczkę"
"My command is that tonight you bring the bride and bridegroom"
"Przykazanie moje, abyście dziś wieczorem przyprowadzili oblubieńców"
"Master, I obey" said the genie
"Mistrzu, jestem posłuszny" powiedział dżin
Aladdin then went to his chamber
Aladyn udał się do swojej komnaty
sure enough, at midnight the genie transported a bed
Rzeczywiście, o północy dżin przeniósł łóżko
and the bed contained the Vizier's son and the Princess
a w łożu leżał syn wezyra i księżniczka
"Take this new-married man, genie" he said
— Weź tego świeżo poślubionego mężczyznę, dżinie — powiedział
"put him outside in the cold for the night"
"Wystaw go na noc na mrozie"
"then return them again at daybreak"

"Potem zwróć je o świcie"
So the genie took the Vizier's son out of bed
Dżin wyciągnął więc syna wezyra z łóżka
and he left Aladdin with the Princess
i zostawił Aladyna z księżniczką
"Fear nothing," Aladdin said to her, "you are my wife"
— Nie bój się niczego — rzekł do niej Aladyn — jesteś moją żoną.
"you were promised to me by your unjust father"
"Obiecał mi cię twój niesprawiedliwy ojciec"
"and no harm shall come to you"
"I nic złego wam się nie stanie"
The Princess was too frightened to speak
Księżniczka była zbyt przerażona, by się odezwać
and she passed the most miserable night of her life
i spędziła najnędzniejszą noc w swoim życiu
although Aladdin lay down beside her and slept soundly
chociaż Aladyn położył się obok niej i spał spokojnie
At the appointed hour the genie fetched in the shivering bridegroom
O oznaczonej godzinie dżin sprowadził drżącego oblubieńca
he laid him in his place
Położył go na swoim miejscu
and he transported the bed back to the palace
i przeniósł łóżko z powrotem do pałacu
Presently the Sultan came to wish his daughter good-morning
Niebawem sułtan przyszedł, by życzyć córce dzień dobry
The unhappy Vizier's son jumped up and hid himself
Nieszczęsny wezyr zerwał się i ukrył
and the Princess would not say a word
a księżniczka nie odezwała się ani słowem
and she was very sorrowful
i była bardzo zasmucona
The Sultan sent her mother to her
Sułtan przysłał do niej matkę
"Why will you not speak to your father, child?"

"Dlaczego nie porozmawiasz ze swoim ojcem, dziecko?"
"What has happened?" she asked
"Co się stało?" zapytała
The Princess sighed deeply
Księżniczka westchnęła głęboko
and at last she told her mother what had happened
W końcu opowiedziała matce, co się stało
she told her how the bed had been carried into some strange house
Opowiedziała jej, jak łóżko zostało przeniesione do jakiegoś obcego domu
and she told of what had happened in the house
I opowiedziała o tym, co wydarzyło się w domu
Her mother did not believe her in the least
Matka w najmniejszym stopniu jej nie wierzyła
and she bade her to consider it an idle dream
i kazała jej uważać to za czczy sen
The following night exactly the same thing happened
Następnej nocy stało się dokładnie to samo
and the next morning the princess wouldn't speak either
A następnego ranka księżniczka też nie chciała się odezwać
on the Princess's refusal to speak, the Sultan threatened to cut off her head
Gdy księżniczka odmówiła rozmowy, sułtan zagroził, że odetnie jej głowę
She then confessed all that had happened
Potem wyznała wszystko, co się wydarzyło
and she bid him to ask the Vizier's son
i kazała mu zapytać syna wezyra
The Sultan told the Vizier to ask his son
Sułtan powiedział wezyrowi, aby zapytał syna
and the Vizier's son told the truth
a syn wezyra mówił prawdę
he added that he dearly loved the Princess
dodał, że bardzo kocha księżniczkę
"but I would rather die than go through another such fearful

night"
"Ale wolałbym umrzeć, niż przeżyć kolejną tak straszną noc"
and he wished to be separated from her, which was granted
i chciał się z nią rozstać, co zostało mu przyznane
and there was an end to feasting and rejoicing
i nastąpił koniec ucztowania i radości

then the three months were over
Potem minęły trzy miesiące
Aladdin sent his mother to remind the Sultan of his promise
Aladyn wysłał matkę, aby przypomniała sułtanowi o jego obietnicy
She stood in the same place as before
Stała w tym samym miejscu co poprzednio
the Sultan had forgotten Aladdin
Sułtan zapomniał o Aladynie
but at once he remembered him again
Ale od razu przypomniał sobie o nim
and he asked for her to come to him
i poprosił ją, aby przyszła do niego
On seeing her poverty the Sultan felt less inclined than ever to keep his word
Widząc jej ubóstwo, sułtan poczuł się mniej niż kiedykolwiek skłonny dotrzymać słowa
and he asked his Vizier's advice
i poprosił wezyra o radę
he counselled him to set a high value on the Princess
poradził mu, aby wysoko cenił księżniczkę
a price so high that no man living could come up to it
Cena tak wysoka, że żaden żyjący człowiek nie mógł jej dorównać
The Sultan then turned to Aladdin's mother, saying:
Sułtan zwrócił się wtedy do matki Aladyna, mówiąc:
"Good woman, a Sultan must remember his promises"
"Dobra kobieto, sułtan musi pamiętać o swoich obietnicach"
"and I will remember my promise"

"i wspomnę na moją obietnicę"
"but your son must first send me forty basins of gold"
"Ale twój syn musi mi najpierw przysłać czterdzieści misek złota"
"and the gold basins must be brimful of jewels"
"A miednice złote muszą być pełne klejnotów"
"and they must be carried by forty black camels"
"A muszą być niesione przez czterdzieści czarnych wielbłądów"
"and in front of each black camel there is to be a white one"
"A przed każdym czarnym wielbłądem ma być biały"
"and they are all to be splendidly dressed"
"A wszyscy mają być wspaniale ubrani"
"Tell him that I await his answer"
"Powiedz mu, że czekam na jego odpowiedź"
The mother of Aladdin bowed low
Matka Aladyna skłoniła się nisko
and then she went home
A potem poszła do domu
although she thought all was lost
choć myślała, że wszystko stracone
She gave Aladdin the message
Przekazała Aladynowi wiadomość
and she added, "He may wait long enough for your answer!"
A ona dodała: "Być może będzie czekał wystarczająco długo na twoją odpowiedź!"
"Not so long as you think, mother" her son replied
"Nie tak długo, jak myślisz, mamo" – odpowiedział jej syn
"I would do a great deal more than that for the Princess"
"Zrobiłbym o wiele więcej dla księżniczki"
and he summoned the genie again
i ponownie przywołał dżina
and in a few moments the eighty camels arrived
i po kilku chwilach przybyło osiemdziesiąt wielbłądów
and they took up all space in the small house and garden
i zajęli całą przestrzeń w małym domku i ogrodzie
Aladdin made them set out to the palace

Aladyn kazał im wyruszyć do pałacu
and they were followed by his mother
a za nimi poszła jego matka
They were very richly dressed
Byli bardzo bogato ubrani
and splendid jewels were on their girdles
a na ich pasach znajdowały się wspaniałe klejnoty
and everyone crowded around to see them
i wszyscy tłoczyli się, aby ich zobaczyć
and the basins of gold they carried on their backs
a złote misy nieśli na plecach
They entered the palace of the Sultan
Weszli do pałacu sułtana
and they kneeled before him in a semi circle
i uklękli przed nim w półkolu
and Aladdin's mother presented them to the Sultan
a matka Aladyna przedstawiła je sułtanowi
He hesitated no longer, but said:
Nie wahał się dłużej, tylko powiedział:
"Good woman, return to your son"
"Dobra kobieto, wróć do swojego syna"
"tell him that I wait for him with open arms"
"Powiedz mu, że czekam na niego z otwartymi ramionami"
She lost no time in telling Aladdin
Nie traciła czasu, by powiedzieć Aladynowi
and she bid him make haste
i kazała mu się pospieszyć
But Aladdin first called for the genie
Ale Aladyn najpierw wezwał dżina
"I want a scented bath" he said
– Chcę pachnącej kąpieli – powiedział
"and I want a horse more beautiful than the Sultan's"
"A ja chcę konia piękniejszego niż sułtan"
"and I want twenty servants to attend me"
"I chcę, aby było przy mnie dwudziestu sług"
"and I also want six beautifully dressed servants to wait on

my mother
– Chcę też, żeby sześć pięknie ubranych służących czekało na moją matkę
"and lastly, I want ten thousand pieces of gold in ten purses"
"A na koniec chcę dziesięć tysięcy sztuk złota w dziesięciu sakiewkach"
No sooner had he said what he wanted and it was done
Ledwie powiedział, czego chce, i stało się
Aladdin mounted his beautiful horse
Aladyn dosiadł swojego pięknego konia
and he passed through the streets
i przechodził ulicami
the servants cast gold into the crowd as they went
Słudzy rzucali złotem w tłum, gdy szli
Those who had played with him in his childhood knew him not
Ci, którzy bawili się z nim w dzieciństwie, nie znali go
he had grown very handsome
Stał się bardzo przystojny
When the Sultan saw him he came down from his throne
Gdy sułtan go ujrzał, zszedł z tronu
he embraced his new son in law with open arms
Uścisnął swojego nowego zięcia z otwartymi ramionami
and he led him into a hall where a feast was spread
i zaprowadził go do sali, gdzie zastawiono ucztę
he intended to marry him to the Princess that very day
Jeszcze tego samego dnia zamierzał wydać go za księżniczkę
But Aladdin refused to marry straight away
Ale Aladyn od razu odmówił ożenku
"first I must build a palace fit for the princess"
"Najpierw muszę zbudować pałac godny księżniczki"
and then he took his leave
A potem odszedł
Once home, he said to the genie:
Gdy wrócił do domu, powiedział do dżina:
"Build me a palace of the finest marble"

"Zbuduj mi pałac z najpiękniejszego marmuru"
"set the palace with jasper, agate, and other precious stones"
"Wyłóż pałac jaspisem, agatem i innymi drogimi kamieniami"
"In the middle you shall build me a large hall with a dome"
"W środku zbudujesz mi wielką salę z kopułą"
"its four walls will be of masses of gold and silver"
"Jego cztery ściany będą z masy złota i srebra"
"and each wall will have six windows"
"A każda ściana będzie miała sześć okien"
"and the lattices of the windows will be set with precious jewels"
"A kraty okien będą wysadzane drogocennymi klejnotami"
"but there must be one window that is not decorated"
"Ale musi być jedno okno, które nie jest udekorowane"
"go see that it gets done!"
"Idź i zobacz, czy to się uda!"
The palace was finished by the next day
Pałac był gotowy następnego dnia
the genie carried him to the new palace
Dżin zaniósł go do nowego pałacu
and he showed him how all his orders had been faithfully carried out
i pokazał mu, jak wszystkie jego rozkazy zostały wiernie wykonane
even a velvet carpet had been laid from Aladdin's palace to the Sultan's
nawet z pałacu Aladyna do pałacu sułtana położono aksamitny dywan
Aladdin's mother then dressed herself carefully
Matka Aladyna ubrała się starannie
and she walked to the palace with her servants
I poszła do pałacu ze swymi sługami
and Aladdin followed her on horseback
a Aladyn podążył za nią konno
The Sultan sent musicians with trumpets and cymbals to meet them

Sułtan wysłał na ich spotkanie muzyków z trąbkami i cymbałami
so the air resounded with music and cheers
Powietrze rozbrzmiewało muzyką i wiwatami
She was taken to the Princess, who saluted her
Zaprowadzono ją do księżniczki, która zasalutowała jej
and she treated her with great honour
i traktowała ją z wielką czcią
At night the Princess said good-by to her father
Wieczorem księżniczka pożegnała się z ojcem
and she set out on the carpet for Aladdin's palace
i wyruszyła na dywanie do pałacu Aladyna
his mother was at her side
Matka była u jej boku
and they were followed by their entourage of servants
a za nimi szła ich świta sług
She was charmed at the sight of Aladdin
Była oczarowana widokiem Aladyna
and Aladdin ran to receive her into the palace
Aladyn pobiegł ją powitać do pałacu
"Princess," he said "blame your beauty for my boldness
— Księżniczko — rzekł — obwiniaj swoją piękność za moją śmiałość
"I hope I have not displeased you"
"Mam nadzieję, że nie sprawiłem ci przykrości"
she said she willingly obeyed her father in this matter
Powiedziała, że chętnie posłuchała ojca w tej sprawie
because she had seen that he is handsome
bo widziała, że jest przystojny
After the wedding had taken place Aladdin led her into the hall
Po ślubie Aladyn zaprowadził ją do sali
here a feast was spread out in the hall
Tu w sali rozstawiono ucztę
and she supped with him
i piła z nim

after eating they danced till midnight
Po posiłku tańczyli do północy

The next day Aladdin invited the Sultan to see the palace
Nazajutrz Aladyn zaprosił sułtana do obejrzenia pałacu
they entered the hall with the four-and-twenty windows
Weszli do sali przez dwadzieścia cztery okna
the windows were decorated with rubies, diamonds, and emeralds
Okna ozdobiono rubinami, diamentami i szmaragdami
he cried "It is a world's wonder!"
zawołał: "To cud świata!"
"There is only one thing that surprises me"
"Jest tylko jedna rzecz, która mnie zaskakuje"
"Was it by accident that one window was left unfinished?"
– Czy to przypadek, że jedno okno pozostało niedokończone?
"No, sir, it was done so by design" replied Aladdin
— Nie, panie, zrobiono to umyślnie — odparł Aladyn
"I wished your Majesty to have the glory of finishing this palace"
"Życzyłem Waszej Królewskiej Mości chwały ukończenia tego pałacu"
The Sultan was pleased to be given this honour
Sułtan był zadowolony z tego zaszczytu
and he sent for the best jewellers in the city
i posłał po najlepszych jubilerów w mieście
He showed them the unfinished window
Pokazał im niedokończone okno
and he bade them to decorate it like the others
i polecił im, aby udekorowali go jak inni
"Sir" replied their spokesman
— Proszę pana — odparł ich rzecznik
"we cannot find enough jewels"
"Nie możemy znaleźć wystarczającej liczby klejnotów"
so the Sultan had his own jewels fetched
Sułtan kazał więc sprowadzić swoje klejnoty

but those jewels were soon soon used up too
Wkrótce jednak i te klejnoty się wyczerpały
even after a month's time the work was not half done
Nawet po miesiącu praca nie była w połowie wykonana
Aladdin knew that their task was impossible
Aladyn wiedział, że ich zadanie jest niemożliwe do wykonania
he bade them to undo their work
Nakazał im, aby cofnęli swoją pracę
and he bade them carry the jewels back
i kazał im przynieść klejnoty z powrotem
the genie finished the window at his command
Dżin dokończył okno na jego rozkaz
The Sultan was surprised to receive his jewels again
Sułtan był zaskoczony, gdy znów otrzymał swoje klejnoty
he visited Aladdin, who showed him the window finished
odwiedził Aladyna, który pokazał mu okno wykończone
and the Sultan embraced his son in law
a sułtan uścisnął zięcia
meanwhile, the envious Vizier suspected the work of enchantment
tymczasem zazdrosny wezyr podejrzewał, że działa czar
Aladdin had won the hearts of the people by his gentle bearing
Aladyn podbił serca ludu swoją łagodną postawą
He was made captain of the Sultan's armies
Został mianowany kapitanem wojsk sułtana
and he won several battles for his army
i wygrał kilka bitew dla swojej armii
but he remained as modest and courteous as before
Pozostał jednak tak samo skromny i uprzejmy jak przedtem
in this way he lived in peace and content for several years
W ten sposób przez kilka lat żył w pokoju i zadowoleniu
But far away in Africa the magician remembered Aladdin
Ale daleko w Afryce mag przypomniał sobie Aladyna
and by his magic arts he discovered Aladdin hadn't perished in the cave

i dzięki swoim magicznym sztuczkom odkrył, że Aladyn nie zginął w jaskini
but instead of perishing he had escaped and married the princess
Ale zamiast zginąć, uciekł i ożenił się z księżniczką
and now he was living in great honour and wealth
A teraz żył w wielkim honorze i bogactwie
He knew that the poor tailor's son could only have accomplished this by means of the lamp
Wiedział, że syn biednego krawca mógł tego dokonać tylko za pomocą lampy
and he travelled night and day until he reached the city
i wędrował dniem i nocą, aż dotarł do miasta
he was bent on making sure of Aladdin's ruin
był zdecydowany upewnić się, że Aladyn doprowadziłby Aladyna do ruiny
As he passed through the town he heard people talking
Kiedy przechodził przez miasto, usłyszał rozmowy ludzi
all they could talk about was a marvellous palace
Jedyne, o czym mogli rozmawiać, to cudowny pałac
"Forgive my ignorance," he asked
— Wybacz mi moją ignorancję — poprosił
"what is this palace you speak of?"
— Co to za pałac, o którym mówisz?
"Have you not heard of Prince Aladdin's palace?" was the reply
"Nie słyszałeś o pałacu księcia Aladyna?" - brzmiała odpowiedź
"it is the greatest wonder of the world"
"To największy cud świata"
"I will direct you to the palace, if you would like to see it"
"Zaprowadzę cię do pałacu, jeśli chcesz go zobaczyć"
The magician thanked him for bringing him to the palace
Mag podziękował mu za przyprowadzenie go do pałacu
and having seen the palace, he knew that it had been raised by the Genie of the Lamp

a widząc pałac, wiedział, że został wzniesiony przez Dżina Lampy
this made him half mad with rage
To sprawiło, że na wpół oszalał z wściekłości
He determined to get hold of the lamp
Postanowił złapać lampę
and he would again plunge Aladdin into the deepest poverty
i znowu pogrąży Aladyna w najgłębszej nędzy
Unluckily, Aladdin had gone a-hunting for eight days
Pech chciał, że Aladyn wyruszył na polowanie przez osiem dni
this gave the magician plenty of time
To dało magowi mnóstwo czasu
He bought a dozen copper lamps
Kupił kilkanaście miedzianych lamp
and he put them into a basket
i włożył je do koszyka
and he went to the palace
I poszedł do pałacu
"New lamps for old!" he exclaimed
"Nowe lampy za stare!" – wykrzyknął
and he was followed by a jeering crowd
a za nim podążał szydzący tłum
The Princess was sitting in the hall of four-and-twenty windows
Księżniczka siedziała w przedpokoju z dwudziestoma czterema oknami
she sent a servant to find out what the noise was about
Wysłała służącego, aby dowiedział się, o co chodzi w tym hałasie
the servant came back laughing so much that the Princess scolded her
Służąca wróciła śmiejąc się tak bardzo, że księżniczka ją zbeształa
"Madam," replied the servant
— Pani — odparł służący
"who can help but laughing when you see such a thing?"

"Któż może powstrzymać się od śmiechu, gdy widzisz coś takiego?"
"an old fool is offering to exchange fine new lamps for old ones"
"Stary proponuje, że wymieni piękne nowe lampy na stare"
Another servant, hearing this, spoke up
Inny sługa, słysząc to, odezwał się
"There is an old lamp on the cornice there which he can have"
"Na gzymsie jest tam stara lampa, którą może mieć"
this, of course, was the magic lamp
To była oczywiście magiczna lampa
Aladdin had left it there, as he could not take it out hunting with him
Aladyn zostawił go tam, bo nie mógł go zabrać ze sobą na polowanie
The Princess didn't know know the lamp's value
Księżniczka nie wiedziała, jaka jest wartość lampy
laughingly she bade the servant to exchange it
Śmiejąc się, poprosiła służącego, by go wymienił
the servant took the lamp to the magician
Sługa zaniósł lampę magowi
"Give me a new lamp for this" she said
– Daj mi do tego nową lampę – powiedziała
He snatched it and bade the servant to take her choice
Chwycił ją i kazał służącej, by dokonała wyboru
and all the crowd jeered at the sight
i cały tłum szydził na ten widok
but the magician cared little for the crowd
Ale mag nie dbał o tłum
he left the crowd with the lamp he had set out to get
Wyszedł z tłumu z lampą, po którą wyruszył
and he went out of the city gates to a lonely place
i wyszedł z bram miasta na odludne miejsce
there he remained till nightfall
Tam pozostał aż do zmroku
and it nightfall he pulled out the lamp and rubbed it

A gdy zapadł zmrok, wyciągnął lampę i potarł ją
The genie appeared to the magician
Dżin ukazał się magowi
and the magician made his command to the genie
i mag wydał rozkaz dżinowi
"carry me, the princess, and the palace to a lonely place in Africa"
"Zanieś mnie, księżniczkę i pałac w odludne miejsce w Afryce"

Next morning the Sultan looked out of the window toward Aladdin's palace
Nazajutrz rano sułtan wyjrzał przez okno w stronę pałacu Aladyna
and he rubbed his eyes when he saw the palace was gone
I przetarł oczy, gdy zobaczył, że pałacu już nie ma
He sent for the Vizier and asked what had become of the palace
Posłał po wezyra i zapytał, co się stało z pałacem
The Vizier looked out too, and was lost in astonishment
Wezyr również wyjrzał na zewnątrz i osłupiał ze zdumienia
He again put it down to enchantment
Ponownie złożył to na karb zaklęcia
and this time the Sultan believed him
i tym razem sułtan mu uwierzył
he sent thirty men on horseback to fetch Aladdin in chains
wysłał trzydziestu ludzi na koniach, aby sprowadzili Aladyna w kajdanach
They met him riding home
Spotkali go w drodze do domu
they bound him and forced him to go with them on foot
Związali go i zmusili, by poszedł z nimi pieszo
The people, however, who loved him, followed them to the palace
Lud zaś, który go kochał, poszedł za nimi do pałacu
they would make sure that he came to no harm
Upewniliby się, że nic mu się nie stanie

He was carried before the Sultan
Zaniesiono go przed oblicze sułtana
and the Sultan ordered the executioner to cut off his head
a sułtan rozkazał katowi odciąć mu głowę
The executioner made Aladdin kneel down before a block of wood
Kat kazał Aladynowi uklęknąć przed drewnianym blokiem
he bandaged his eyes so that he could not see
Zabandażował sobie oczy tak, że nic nie widział
and he raised his scimitar to strike
i podniósł bułat, aby uderzyć
At that instant the Vizier saw the crowd had forced their way into the courtyard
W tej samej chwili wezyr spostrzegł, że tłum wdarł się na dziedziniec
they were scaling the walls to rescue Aladdin
wspinali się na mury, by uratować Aladyna
so he called to the executioner to halt
Zawołał więc kata, by przestał
The people, indeed, looked so threatening that the Sultan gave way
Istotnie, lud wyglądał tak groźnie, że sułtan ustąpił
and he ordered Aladdin to be unbound
i rozkazał uwolnić Aladyna
he pardoned him in the sight of the crowd
Przebaczył mu na oczach tłumu
Aladdin now begged to know what he had done
Aladyn błagał teraz, by wiedzieć, co zrobił
"False wretch!" said the Sultan "come thither"
— Fałszywy nędzniku! — rzekł sułtan — chodź tu!
he showed him from the window the place where his palace had stood
Pokazał mu z okna miejsce, gdzie stał jego pałac
Aladdin was so amazed that he could not say a word
Aladyn był tak zdumiony, że nie mógł wykrztusić z siebie ani słowa

"Where is my palace and my daughter?" demanded the Sultan
"Gdzie jest mój pałac i moja córka?" zapytał sułtan
"For the first I am not so deeply concerned"
"Po pierwsze, nie jestem tak głęboko zaniepokojony"
"but my daughter I must have"
"ale moją córkę muszę mieć"
"and you must find her or lose your head"
"I musisz ją odnaleźć albo stracić głowę"
Aladdin begged to be granted forty days in which to find her
Aladyn błagał, by dano mu czterdzieści dni na jej odnalezienie
he promised that if he failed he would return
Obiecał, że jeśli mu się nie uda, wróci
and on his return he would suffer death at the Sultan's pleasure
a po powrocie miał ponieść śmierć według upodobania sułtana
His prayer was granted by the Sultan
Jego modlitwa została wysłuchana przez sułtana
and he went forth sadly from the Sultan's presence
i wyszedł smutny sprzed oblicza sułtana
For three days he wandered about like a madman
Przez trzy dni błąkał się jak szaleniec
he asked everyone what had become of his palace
Pytał wszystkich, co się stało z jego pałacem
but they only laughed and pitied him
ale oni tylko śmiali się i litowali się nad nim
He came to the banks of a river
Doszedł do brzegu rzeki
he knelt down to say his prayers before throwing himself in
Ukląkł, by się pomodlić, zanim rzucił się do wody
In so doing he rubbed the magic ring he still wore
Czyniąc to, potarł magiczny pierścień, który wciąż nosił
The genie he had seen in the cave appeared
Pojawił się dżin, którego widział w jaskini
and he asked him what his will was
i zapytał go, jaka jest jego wola

"Save my life, genie" said Aladdin
— Uratuj mi życie, dżinie — rzekł Aladyn
"bring my palace back"
"Przywróć mój pałac"
"That is not in my power" said the genie
— To nie leży w mojej mocy — rzekł dżin
"I am only the Slave of the Ring"
"Jestem tylko Niewolnikiem Pierścienia"
"you must ask him for the lamp"
"Musisz go poprosić o lampę"
"that might be true" said Aladdin
— To może być prawda — rzekł Aladyn
"but thou canst take me to the palace"
"Ale ty możesz mnie zabrać do pałacu"
"set me down under my dear wife's window"
"Posadź mnie pod oknem mojej drogiej żony"
He at once found himself in Africa
Od razu znalazł się w Afryce
he was under the window of the Princess
znajdował się pod oknem księżniczki
and he fell asleep out of sheer weariness
i zasnął ze znużenia
He was awakened by the singing of the birds
Obudził go śpiew ptaków
and his heart was lighter than it was before
a jego serce było lżejsze niż przedtem
He saw plainly that all his misfortunes were owing to the loss of the lamp
Widział wyraźnie, że wszystkie jego nieszczęścia były spowodowane utratą lampy
and he vainly wondered who had robbed him of it
i na próżno zastanawiał się, kto go z niej okradł
That morning the Princess rose earlier than she normally
Tego ranka księżniczka wstała wcześniej niż zwykle
once a day she was forced to endure the magicians company
Raz dziennie musiała znosić towarzystwo magów

She, however, treated him very harshly
Ona jednak potraktowała go bardzo surowo
so he dared not live with her in the palace
Nie śmiał więc mieszkać z nią w pałacu
As she was dressing, one of her women looked out and saw Aladdin
Kiedy się ubierała, jedna z jej kobiet wyjrzała na zewnątrz i zobaczyła Aladyna
The Princess ran and opened the window
Księżniczka pobiegła i otworzyła okno
at the noise she made Aladdin looked up
słysząc hałas, jaki wydała, Aladyn podniósł wzrok
She called to him to come to her
Zawołała go, aby przyszedł do niej
it was a great joy for the lovers to see each other again
To była wielka radość dla kochanków, że znów się zobaczyli
After he had kissed her Aladdin said:
Po pocałunku Aladyn rzekł:
"I beg of you, Princess, in God's name"
"Błagam cię, księżniczko, w imię Boga"
"before we speak of anything else"
"Zanim porozmawiamy o czymkolwiek innym"
"for your own sake and mine"
"Ze względu na ciebie i na mnie"
"tell me what has become of the old lamp"
"Powiedz mi, co się stało ze starą lampą"
"I left it on the cornice in the hall of four-and-twenty windows"
"Zostawiłem go na gzymsie w przedsionku o dwudziestu czterech oknach"
"Alas!" she said, "I am the innocent cause of our sorrows"
"Niestety!" powiedziała, "jestem niewinną przyczyną naszych smutków"
and she told him of the exchange of the lamp
Opowiedziała mu o wymianie lampy
"Now I know" cried Aladdin

— Teraz już wiem — zawołał Aladyn
"we have to thank the magician for this!"
"Musimy za to podziękować magowi!"
"Where is the lamp?"
— Gdzie jest lampa?
"He carries it about with him" said the Princess
— Nosi go ze sobą — rzekła księżniczka
"I know he carries the lamp with him"
"Wiem, że nosi ze sobą lampę"
"because he pulled it out of his breast to show me"
"Bo wyciągnął go z piersi, żeby mi pokazać"
"and he wishes me to break my faith with you and marry him"
"I chce, żebym zerwała z tobą wiarę i wyszła za niego"
"and he said you were beheaded by my father's command"
"I powiedział, że zostałeś ścięty z rozkazu mego ojca"
"He is for ever speaking ill of you"
"On zawsze mówi o tobie źle"
"but I only reply by my tears"
"ale ja odpowiadam tylko łzami"
"If I persist, I doubt not"
"Jeśli będę się upierał, nie wątpię"
"but he will use violence"
"Ale on użyje przemocy"
Aladdin comforted his wife
Aladyn pocieszał żonę
and he left her for a while
i zostawił ją na jakiś czas
He changed clothes with the first person he met in the town
Przebierał się z pierwszą napotkaną w miasteczku osobą
and having bought a certain powder, he returned to the Princess
i kupiwszy pewien proszek, wrócił do księżniczki
the Princess let him in by a little side door
Księżniczka wpuściła go bocznymi drzwiami
"Put on your most beautiful dress" he said to her

"Załóż swoją najpiękniejszą suknię" – powiedział do niej
"receive the magician with smiles today"
"Przyjmij Magika z uśmiechem już dziś"
"lead him to believe that you have forgotten me"
"Spraw, by uwierzył, że o mnie zapomniałeś"
"Invite him to sup with you"
"Zaproś go na wieczerzę"
"and tell him you wish to taste the wine of his country"
"I powiedz mu, że chcesz skosztować wina z jego kraju"
"He will be gone for some time"
"Przez jakiś czas go nie będzie"
"while he is gone I will tell you what to do"
"Kiedy go nie ma, powiem ci, co masz robić"
She listened carefully to Aladdin
Słuchała uważnie Aladyna
and when he left she arrayed herself beautifully
A kiedy wyszedł, pięknie się ubrała
she hadn't dressed like this since she had left her city
Nie ubierała się w ten sposób, odkąd wyjechała z miasta
She put on a girdle and head-dress of diamonds
Włożyła pas i nakrycie głowy z brylantów
she was more beautiful than ever
Była piękniejsza niż kiedykolwiek
and she received the magician with a smile
i przyjęła czarodzieja z uśmiechem
"I have made up my mind that Aladdin is dead"
"Doszedłem do wniosku, że Aladyn nie żyje"
"my tears will not bring him back to me"
"Moje łzy nie przywiodą go z powrotem do mnie"
"so I am resolved to mourn no more"
"Postanowiłem więc nie opłakiwać więcej"
"therefore I invite you to sup with me"
"Dlatego zapraszam was na wieczerzę ze mną"
"but I am tired of the wines we have"
"ale jestem zmęczony winami, które mamy"
"I would like to taste the wines of Africa"

"Chciałbym skosztować win z Afryki"
The magician ran to his cellar
Mag pobiegł do swojej piwnicy
and the Princess put the powder Aladdin had given her in her cup
Księżniczka włożyła proszek, który dał jej Aladyn, do kielicha
When he returned she asked him to drink her health
Kiedy wrócił, poprosiła go, aby wypił jej zdrowie
and she handed him her cup in exchange for his
i podała mu swój kielich w zamian za jego
this was done as a sign to show she was reconciled to him
Uczyniono to na znak, aby pokazać, że jest z nim pojednana
Before drinking the magician made her a speech
Przed wypiciem mag wygłosił do niej przemówienie
he wanted to praise her beauty
Chciał wychwalać jej urodę
but the Princess cut him short
ale księżniczka przerwała mu
"Let us drink first"
"Wypijmy najpierw"
"and you shall say what you will afterwards"
"A potem powiesz, co chcesz"
She set her cup to her lips and kept it there
Przystawiła kubek do ust i trzymała go tam
the magician drained his cup to the dregs
Mag opróżnił swój kielich do dna
and upon finishing his drink he fell back lifeless
A skończywszy drinka, padł bez życia
The Princess then opened the door to Aladdin
Księżniczka otworzyła drzwi Aladynowi
and she flung her arms round his neck
i zarzuciła mu ramiona na szyję
but Aladdin asked her to leave him
ale Aladyn poprosił ją, by go opuściła
there was still more to be done
Było jeszcze wiele do zrobienia

He then went to the dead magician
Następnie udał się do martwego maga
and he took the lamp out of his vest
I wyjął lampę z kamizelki
he bade the genie to carry the palace back
Kazał dżinowi zanieść pałac z powrotem
the Princess in her chamber only felt two little shocks
Księżniczka w swojej komnacie doznała tylko dwóch małych wstrząsów
in little time she was at home again
Wkrótce znów była w domu
The Sultan was sitting on his balcony
Sułtan siedział na balkonie
he was mourning for his lost daughter
Opłakiwał utraconą córkę
he looked up and had to rub his eyes again
Spojrzał w górę i znów musiał przetrzeć oczy
the palace stood there as it had before
Pałac stał tam jak przedtem
He hastened over to the palace to see his daughter
Pośpieszył do pałacu, aby zobaczyć się z córką
Aladdin received him in the hall of the palace
Aladyn przyjął go w sali pałacu
and the princess was at his side
A księżniczka była u jego boku
Aladdin told him what had happened
Aladyn opowiedział mu, co się stało
and he showed him the dead body of the magician
i pokazał mu martwe ciało czarodzieja
so that the Sultan would believe him
aby sułtan mu uwierzył
A ten days' feast was proclaimed
Ogłoszono dziesięciodniowe święto
and it seemed as if Aladdin might now live the rest of his life in peace
i zdawało się, że Aladyn może teraz przeżyć resztę życia w

spokoju
but it was not to be as peaceful as he had hoped
Nie miało być jednak tak spokojnie, jak się spodziewał

The African magician had a younger brother
Afrykański mag miał młodszego brata
he was maybe even more wicked and cunning than his brother
Był może nawet bardziej nikczemny i przebiegły niż jego brat
He travelled to Aladdin to avenge his brother's death
Udał się do Aladyna, aby pomścić śmierć brata
he went to visit a pious woman called Fatima
udał się w odwiedziny do pobożnej kobiety o imieniu Fatima
he thought she might be of use to him
Pomyślał, że może mu się przydać
He entered her cell and clapped a dagger to her breast
Wszedł do jej celi i przyłożył jej sztylet do piersi
then he told her to rise and do his bidding
Potem kazał jej wstać i wykonać jego rozkazy
and if she didn't he said he would kill her
A jeśli tego nie zrobi, powiedział, że ją zabije
He changed his clothes with her
Zmienił z nią ubranie
and he coloured his face like hers
i poczerwieniał swoją twarz jak jej twarz
he put on her veil so that he looked just like her
Włożył jej welon, tak że wyglądał tak jak ona
and finally he murdered her despite her compliance
A w końcu zamordował ją, mimo jej uległości
so that she could tell no tales
żeby nie mogła opowiadać bajek
Then he went towards the palace of Aladdin
Potem udał się do pałacu Aladyna
all the people thought he was the holy woman
Wszyscy ludzie myśleli, że jest świętą kobietą
they gathered round him to kiss his hands

Zebrali się wokół niego, aby ucałować jego ręce
and they begged for his blessing
i błagali go o błogosławieństwo
When he got to the palace there a great commotion around him
Kiedy dotarł do pałacu, wokół niego powstało wielkie poruszenie
the princess wanted to know what all the noise was about
Księżniczka chciała wiedzieć, o co tyle hałasu
so she bade her servant to look out of the window for her
Kazała więc swemu słudze, aby wyjrzał za nią przez okno
and her servant asked what the noise was all about
A jej służąca zapytała, o co chodzi z tym hałasem
she found out it was the holy woman causing the commotion
Dowiedziała się, że to święta kobieta spowodowała zamieszanie
she was curing people of their ailments by touching them
Uzdrawiała ludzi z ich dolegliwości, dotykając ich
the Princess had long desired to see Fatima
Księżna od dawna pragnęła zobaczyć Fatimę
so she get her servant to ask her into the palace
Kazała więc swojemu służącemu, by zaprosił ją do pałacu
and the false Fatima accepted the offer into the palace
a fałszywa Fatima przyjęła propozycję wejścia do pałacu
the magician offered up a prayer for her health and prosperity
Mag modlił się o jej zdrowie i pomyślność
the Princess made him sit by her
Księżniczka kazała mu usiąść obok siebie
and she begged him to stay with her
i błagała go, aby został z nią
The false Fatima wished for nothing better
Fałszywa Fatima nie chciała niczego lepszego
and she consented to the princess' wish
i zgodziła się na życzenie księżniczki
but he kept his veil down
Lecz on nie spuścił zasłony

because he knew that he would be discovered otherwise
ponieważ wiedział, że w przeciwnym razie zostanie odkryty
The Princess showed him the hall
Księżniczka pokazała mu salę
and she asked him what he thought of it
Zapytała go, co o tym sądzi
"It is truly beautiful" said the false Fatima
"To jest naprawdę piękne" – powiedziała fałszywa Fatima
"but in my mind your palace still wants one thing"
"Ale w moim umyśle twój pałac wciąż chce jednej rzeczy"
"And what is that?" asked the Princess
"A cóż to takiego?" zapytała księżniczka
"If only a Roc's egg were hung up from the middle of this dome"
"Gdyby tylko jajko Roka zostało zawieszone na środku tej kopuły"
"then it would be the wonder of the world" he said
"Wtedy byłby to cud świata" – powiedział
After this the Princess could think of nothing but the Roc's egg
Po tych słowach księżniczka nie mogła myśleć o niczym innym, jak tylko o jaju Roca
when Aladdin returned from hunting he found her in a very ill humour
kiedy Aladyn wrócił z polowania, zastał ją w bardzo złym humorze
He begged to know what was amiss
Błagał, by wiedzieć, co jest nie tak
and she told him what had spoiled her pleasure
I powiedziała mu, co zepsuło jej przyjemność
"I'm made miserable for the want of a Roc's egg"
"Jestem nieszczęśliwy z powodu braku jaja Roca"
"If that is all you want you shall soon be happy" replied Aladdin
— Jeśli to wszystko, czego chcesz, wkrótce będziesz szczęśliwy — odparł Aladyn

he left her and rubbed the lamp
Zostawił ją i potarł lampę
when the genie appeared he commanded him to bring a Roc's egg
kiedy pojawił się dżin, rozkazał mu przynieść jajo Roca
The genie gave such a loud and terrible shriek that the hall shook
Dżin wydał z siebie tak głośny i przeraźliwy wrzask, że sala zatrzęsła się
"Wretch!" he cried, "is it not enough that I have done everything for you?"
"Nieszczęsny!" zawołał, "czyż nie wystarczy, że wszystko dla ciebie uczyniłem?"
"but now you command me to bring my master"
"Ale teraz rozkazujesz mi, żebym przyprowadził mego pana"
"and you want me to hang him up in the midst of this dome"
"A ty chcesz, żebym go powiesił pośrodku tej kopuły"
"You and your wife and your palace deserve to be burnt to ashes"
"Ty, twoja żona i twój pałac zasługujecie na spalenie na popiół"
"but this request does not come from you"
"Ale ta prośba nie pochodzi od ciebie"
"the demand comes from the brother of the magician"
"Żądanie pochodzi od brata czarodzieja"
"the magician whom you have destroyed"
"Czarodziej, którego zgładziłeś"
"He is now in your palace disguised as the holy woman"
"Jest teraz w twoim pałacu przebrany za świętą kobietę"
"the real holy woman he has already murdered"
"Prawdziwą, świętą kobietę, którą już zamordował"
"it was him who put that wish into your wife's head"
"To on włożył to życzenie do głowy twojej żony"
"Take care of yourself, for he means to kill you"
"Dbaj o siebie, bo on chce cię zabić"
upon saying this the genie disappeared
Powiedziawszy to, dżin zniknął

Aladdin went back to the Princess
Aladyn wrócił do księżniczki
he told her that his head ached
Powiedział jej, że boli go głowa
so she requested the holy Fatima to be fetched
poprosiła więc o przyniesienie świętej Fatimy
she could lay her hands on his head
Mogła położyć ręce na jego głowie
and his headache would be cured by her powers
a jego ból głowy zostanie uleczony przez jej moce
when the magician came near Aladdin seized his dagger
gdy mag zbliżył się do Aladyna, chwycił sztylet
and he pierced him in the heart
i przebił go w serce
"What have you done?" cried the Princess
"Cóż zrobiłeś?" zawołała księżniczka
"You have killed the holy woman!"
"Zabiłeś świętą kobietę!"
"It is not so" replied Aladdin
— Nie tak — odparł Aladyn
"I have killed a wicked magician"
"Zabiłem nikczemnego maga"
and he told her of how she had been deceived
I opowiedział jej o tym, jak została oszukana
After this Aladdin and his wife lived in peace
Po tym wydarzeniu Aladyn i jego żona żyli w pokoju
He succeeded the Sultan when he died
Zastąpił sułtana po jego śmierci
he reigned over the kingdom for many years
Panował nad królestwem przez wiele lat
and he left behind him a long lineage of kings
i pozostawił po sobie długi ród królów

The End - Koniec

www.tranzlaty.com

www.ingramcontent.com/pod-product-compliance
Lightning Source LLC
Chambersburg PA
CBHW011954090526
44591CB00020B/2771

9 781835 660676